DIE ROSE

arsEdition

Textauswahl: Elke Hesse
Redaktion/Übersetzung: Annette Kurka

Die Originalausgabe »The Rose« erschien 1998 bei Friedman/Fairfax.

Art Director: Jeff Batzli
Designer: Maria Mann
Bildredaktion: Wendy Missan

Printed in Hongkong
3-7607-1786-1

EINLEITUNG

ehr als jede andere Blume hat die Rose die menschliche Fantasie in ihren Bann gezogen. Dichter haben ihre perfekte Schönheit besungen. Maler haben sich bemüht ihr Wesen in Öl, Pastell und Wasserfarbe einzufangen. Architekten haben Rosettenfenster in Kathedralen eingeplant und Rosen wurden benutzt, um prächtige Schlösser und einfache Landhäuser zu schmücken. Magier und Kräuterkundige sehen in der Rose eines der besten Heil- und Zaubermittel.

Wir pflanzen Rosen in unsere Gärten, haben zu Hause üppige Rosenarrangements in Vasen und verwenden ihr Bild, um die unterschiedlichsten Gegenstände damit zu schmücken. Wir tragen Rosenessenz als Parfum, konservieren ihren betörenden Duft in Potpourris, wir geben Rosenöl in unser Badewasser, zünden Kerzen mit Rosenduft an, ja wir essen sogar Konfekt mit Rosengeschmack.

Aber woher kommt die Rose? Diese königlichste aller Blüten hat ursprünglich wie eine einfache, fünfblättrige Wildblume ausgesehen. Einige tausend Jahre Kultivierung und Zucht haben sie in die prächtige, elegante Gartenpflanze verwandelt, die wir heute kennen.

Der Mensch schätzt die Rose seit tausenden von Jahren. Rosen wurden in China schon 2700 vor Christus kultiviert, später wuchsen sie auch in den Gärten ägyptischer Pharaonen und römischer Kaiser. Die Kreuzfahrer brachten Damaszenerrosen nach Europa, als sie von den Kriegen im Mittleren Osten zurückkehrten; danach waren auch die Europäer von der Rose verzaubert und setzten ihre Zucht und Kreuzung fort. Zu Beginn des 19. Jahrhunderts schaffte Kaiserin Josephine die erste und größte moderne Rosensammlung in ihren Gärten in Malmaison. In diesen Gärten gab es mehr als zweihundert verschiedene Rosenarten und Josephine beauftragte den bedeutenden Zeichner Pierre-Joseph Redouté sie alle möglichst naturgetreu zu malen.

Von Europa aus kam die Rose mit den Siedlern in die Neue Welt; die Neuankömmlinge entdeckten dort, dass die Indianer ihre Lagerplätze gerne mit wilden Rosen umpflanzten. Tatsächlich wuchsen Rosen in Nordamerika bereits viel früher – versteinerte vierzig Millionen Jahre alte Überreste von Rosen wurden nämlich in Colorado gefunden.

Erklärungen zur Herkunft der Rose gibt es auch aus dem Reich der Mythen und Legenden. In Fabeln, die im mittelalterlichen Europa erzählt wurden, hieß es, eine weiße Rose habe im ersten Garten auf Erden geblüht – im Garten Eden. Als Eva die Blume küsste, errötete sie – so entstand die erste rosa Rose. Die Römer glaubten, Bacchus, der Gott des Weins und der Ekstase, habe die rosa Rose geschaffen. Die erste rote Rose, erzählten sie, stamme von Venus, der Göttin der Liebe. Diese Rose sei mit ein paar Tropfen ihres Blutes eingefärbt.

Eine andere Legende berichtet, dass die Erde voller Eifersucht und Hass war, als sich Venus auf ihrer Muschelschale entschloss, als Ausgleich etwas Wunderschönes zu erschaffen. Die Rose – vollkommen in ihrer Gestalt und wunderbar duftend – war das Ergebnis.

Auch die alten Griechen hatten ihre ganz eigene Erklärung zur Entstehung dieser Pflanze. Chloris, die Göttin der Blumen, war eines Tages auf einem Botengang, als sie den Körper einer wunderschönen Nymphe fand, die von Bienen getötet worden war. Sie nahm den Körper der Nymphe mit auf den Olymp und bat die anderen Gottheiten ihr zu helfen, die Nymphe in eine neue Pflanze zu verwandeln. Aphrodite gab der Blume ihre Schönheit, Dionysos gab ihr den Nektar und den Duft, und die drei Grazien schenkten ihr Freude, Schönheit und Glanz. Apollo, der Sonnengott auf seinem Kampfwagen, schickte den Schimmer der ersten Morgenröte. So wurde die Rose geboren.

Über die Jahrhunderte hinweg war die Rose für Dichter das Symbol der Schönheit und romantischen Liebe. In mehr als 4000 publizierten Liedern wird die Rose erwähnt. Shakespeare schrieb oft über die Rose und Robert Burns verglich seine Geliebte mit einer roten Rose. Während des Viktorianischen Zeitalters war man völlig vernarrt in die wunderschöne Blüte. In der »Sprache der Blumen«, die damals benutzt wurde, wies man der Rose verschiedene Bedeutungen zu. Eine rote Rose, insbesondere eine Zentifolie, sprach von Liebe. Eine gelbe Rose deutete auf Eifersucht und ein Verblassen der Liebe hin. Die weiße Rosenblüte sagte »Ich bin deiner würdig«, während eine weiße Rosenknospe für Unschuld stand.

Auch Architekten haben sich der Rose zugewandt und sie als Verzierung für Gebäude benutzt. Im dreizehnten Jahrhundert wurden europäische Kathedralen mit eindrucksvollen, runden bemalten Fenstern in Rosenform geschmückt. Rosenmotive wurden in Zimmerdecken geritzt und über Beichtstühle, als Symbol für das Beichtgeheimnis. Der Ausdruck *sub rosa* (»unter der Rose«), der sich immer noch auf etwas Vertrauliches bezieht, stammt daher.

Für Naturheilkundige und Zauberer hatte die Rose rituelle und magische Kräfte. Gläubige benutzten Rosen, um sich vor dem Einfluss des Teufels zu schützen. Es gab die Möglichkeit einen Kranz aus Kräutern, Rosen und anderen Blumen zu binden und ihn über die Eingangstür oder den Herd zu hängen, um das Böse abzuwehren. Pflanzt man drei rote Rosen in einen magischen Kräutergarten, dann bleibt Gesindel fern. Süße Träume hat, wer auf einem Kopfkissen schläft, das mit Rosenblättern, Minze, Rosmarin und Gewürznelken gefüllt ist.

Trotz all dieser Bedeutungen ist und bleibt die Rose die Blume der Liebe. Rosenöl wurde für jede Art Liebeszauber und -trank verwendet. Eine Mischung aus Moschus, Rosen-, Lavendel-, Jasmin- und Ylang-Ylang-Öl lässt eine Frau angeblich vollkommen unwiderstehlich für Männer werden.

Vor langer Zeit durften Mädchen am Mittsommernachts-Abend im Mondschein Rosenblätter über den Boden ausstreuen. Wenn sie mit dem letzten Glockenschlag einen besonderen Zauberspruch aufsagten und sich umdrehten, dann sahen sie das Traumbild desjenigen Mannes, den sie heiraten würden. In Persien konnte ein Mädchen den verlorenen Liebhaber zurückerobern, indem sie sein Hemd in Rosenwasser, angereichert mit Gewürzen, auskochte.

Die wunderschöne Rose hält unsere Herzen immer noch gefangen und ist weiterhin die favorisierte Pflanze von Gärtnern – weltweit. Mit ihrer königlichen Form, ihrem hinreißenden Duft und der großen Palette an wunderschönen Farben ist sie die Königin der Blumen.

– Anne Halpin

Die Wüste und das trockene Land

sollen sich freuen,

Die Steppe soll jubeln

und blühen.

Sie soll prächtig blühen

wie eine Rose,

Jubeln soll sie,

jubeln und jauchzen.

Jesaja, 35, 1-2

Es haben meine wilden Rosen
— Erschauernd vor dem Hauch der Nacht —
Die windeleichten, lichten, losen
Blüten behutsam zugemacht.

Doch sind sie so voll Licht gesogen,
Dass es wie Schleier sie umweht
Und dass die Nacht in scheuem Bogen
Am Rosenbusch vorübergeht.

Hermann Claudius
Der Rosenbusch

Das macht, es hat die Nachtigall
Die ganze Nacht gesungen;
Da sind von ihrem süßen Schall,
Da sind in Hall und Widerhall
Die Rosen aufgesprungen.

Theodor Storm

Ich sah des Sommers letzte Rose stehn,
Sie war, als ob sie bluten könne, rot;
Da sprach ich schauernd im Vorübergehn:
So weit im Leben ist zu nah am Tod!

Es regte sich kein Hauch am heißen Tag,
Nur leise strich ein weißer Schmetterling;
Doch ob auch kaum die Luft sein Flügelschlag
Bewegte, sie empfand es und verging.

Friedrich Hebbel Sommerbild

Kommt, von allerreifsten Früchten

Mit Geschmack und Lust zu speisen!

Über Rosen lässt sich dichten,

In die Äpfel muss man beißen.

Johann Wolfgang von Goethe

Mit edeln Purpurröten
Und hellem Amselschlag,
Mit Rosen und mit Flöten
Stolziert der junge Tag.
Der Wanderschritt des Lebens
Ist noch ein leichter Tanz,
Ich gehe wie im Reigen
Mit einem frischen Kranz.

Conrad Ferdinand Meyer

Der Mond geht groß aus dem Abend hervor,
Steht über dem Schloss und dem Gartentor
Und lässt sanft glühend die Erde los.
Der Mond ist wie eine feurige Ros',
Die meine Liebste im Garten verlor.

Mein Schatten an den steinernen Wänden
Geht hinter mir wie ein dienender Mohr.
Ich werde den Mohren hinsenden,
Er hebe die Rose vorsichtig auf
Und bringe sie ihr in den dunklen Händen.

Maximilian Dauthendey

Manche Leute beschweren sich darüber,

dass Rosen Dornen haben,

ich bin dankbar,

dass Dornen Rosen tragen.

Alphonse Karr

Um vollkommen zu sein, um glücklich zu sein, bedarf das moralische Wesen keiner neuen Instanz mehr – und wenn es eine erwartet, so kann sich diese Erwartung wenigstens nicht mehr auf eine Forderung gründen. Was mit ihm werde, muss ihm für seine Vollkommenheit gleichviel sein, so wie es der Rose – um schön zu sein – gleichviel sein muss, ob sie in einer Wüste oder in fürstlichen Gärten, ob dem Busen eines lieblichen Mädchens oder dem verzehrenden Wurm entgegenblühet.

Friedrich von Schiller, aus: »Der Geisterseher«

Im Herzen tief innen ist alles daheim,
Der Freude Saaten, der Schmerzen Keim.
Drum frisch sei dein Herz und lebendig dein Sinn,
Dann brausen die Stürme daher und dahin.
Du aber bist allzeit zu singen bereit:
Noch ist die blühende goldene Zeit,
Noch sind die Tage der Rosen!

Otto Roquette

Wandle auf Rosen lange Zeit,
Bis an das Ufer der Herrlichkeit.
Dort stehen Engel mit Sternenkronen,
Die werden dir Liebe und Treue belohnen.

Aus dem 19. Jahrhundert

lüchtig verrinnen die Jahre!
Schnell von der Wiege zur Bahre
Trägt uns der Fittich der Zeit:
Noch sind die Tage der Rosen,
Schmeichelnde Lüfte umkosen
Busen und Wangen uns heut.
Brüder, genießt die Zeit!

August Mahlmann

Die Ros' ist ohn' warum,

sie blühet, weil sie blühet,

Sie acht' nicht ihrer selbst,

fragt nicht, ob man sie siehet.

Angelus Silesius

Sah ein Knab' ein Röslein stehn,
Röslein auf der Heiden,
War so jung und morgenschön,
Lief er schnell, es nah zu sehn,
Sah's mit vielen Freuden.
Röslein, Röslein, Röslein rot,
Röslein auf der Heiden.

Johann Wolfgang von Goethe

*Eine Rose trägt ihr Herz immer aufrecht,
obwohl sie vom Wind gebeugt und von
Dornen geplagt wird.*

Huna, Dichter aus Babylon

ich lieb ich wie die Rose ihren Strauch;
Dich lieb ich wie die Sonne ihren Schein;
Dich lieb ich, weil du bist mein Lebenshauch;
Dich lieb ich, weil dich lieben ist mein Sein.

Friedrich Rückert

Aber gewiss wird die Rose weit mehr Freunde als Gegner haben. Sie wird sowohl jetzt geehrt, als sie in der Vergangenheit geehrt wurde. Ihr Bild ist zu Vergleichen das gebräuchlichste, mit ihrer Farbe wird die Jugend und Schönheit geschmückt, man umringt Wohnungen mit ihr, ihr Geruch wird für ein Kleinod gehalten und als etwas Köstliches versendet, und es hat Völker gegeben, die die Rosenpflege besonders schützten, wie ja die waffenkundigen Römer sich mit Rosen kränzten.

Adalbert Stifter, aus: »Der Nachsommer«

Wenn die Rosen blühen,

Hoffe, liebes Herz.

Still und kühl verglühen

Wird dann heißer Schmerz.

Was den Winter über

Oft unheilbar schien:

Es entweicht das Fieber,

Wenn die Rosen blühn!

Aus dem 19. Jahrhundert

Der beste Mensch wird manchmal zornig,
Kein Liebespaar kann immer kosen.
Die schönsten Rosen selbst sind dornig,
Doch schlimm sind Dornen ohne Rosen.

Friedrich von Bodenstedt

Durch eben die Zerrüttung wandeln sich
Die Jahreszeiten: silberhaar'ger Frost
Fällt in den zarten Schoß der Purpurrose ...

William Shakespeare

Als die Liebe zum ersten Mal auf die Erde kam, empfing der Frühling sie mit einem Bett aus Rosen.

Thomas Campbell

Freu dich des Lebens,

Weil noch das Lämpchen glüht;

Pflücke die Rose,

Eh sie verblüht!

Martin Usteri

Rosen, ihr blendenden,
Balsam versendenden!
Flatternde, schwebende,
Heimlich belebende,
Zweigleinbeflügelte,
Knospenentsiegelte,
Eilet zu blühn!

Johann Wolfgang von Goethe, aus: »Faust«

Rose, du thronende, denen im Altertume
warst du ein Kelch mit einfachem Rand.
Uns aber bist du die volle zahllose Blume,
der unerschöpfliche Gegenstand.

In deinem Reichtum scheinst du wie Kleidung um Kleidung
um einen Leib aus nichts als Glanz;
Aber dein einzelnes Blatt ist zugleich die Vermeidung
und die Verleugnung jedes Gewands.

Seit Jahrhunderten ruft uns dein Duft
seine süßesten Namen herüber;
Plötzlich liegt er wie Ruhm in der Luft.

Dennoch, wir wissen ihn nicht zu nennen, wir raten …
Und Erinnerung geht zu ihm über,
die wir von rufbaren Stunden erbaten.

Rainer Maria Rilke

Er sah die Rose zärtlich an, die im Wasserglase ihm glühend entgegenlachte. Er nahm sie und drückte mit zarter Berührung einen leisen Kuss in ihre Blätter und hauchte einen Seufzer in den Kelch. Dann stellte er sie behutsam in das nährende Element zurück. Er hatte sie neulich, schon verwelkt, in seinem Busen wiedergefunden; seit der Stunde, dass sie im Fluge sein Gesicht berührt hatte, war er ein anderer Mensch geworden, ohne dass er es sich selber gestehen wollte.

Ludwig Tieck, aus: »Die Gemälde«

Diese Rose pflück ich hier,
In der fremden Ferne;
Liebes Mädchen, dir, ach dir
Brächt ich sie so gerne!

Doch bis ich zu dir mag ziehn
Viele weite Meilen,
Ist die Rose längst dahin,
Denn die Rosen eilen.

Nie soll weiter sich ins Land
Lieb' von Liebe wagen,
Als sich blühend in der Hand
Lässt die Rose tragen …

Nikolaus Lenau

Die Rose, die Lilie, die Taube, die Sonne,
Die liebt ich einst alle in Liebeswonne.
Ich lieb sie nicht mehr, ich liebe alleine
Die Kleine, die Feine, die Reine, die Eine;
Sie selber, aller Liebe Bronne,
Ist Rose und Lilie und Taube und Sonne.

Heinrich Heine

Oh, wer um alle Rosen wüsste,

Die rings in stillen Gärten stehen –

Oh, wer um alle wüsste, müsste

Wie im Rausch durchs Leben gehen.

Christian Morgenstern

Denn gleich wie die Knospe der Blume
Nichts ahnt von der Pracht und dem Ruhme
Der Rose am üppigen Strauch,
So seh ich bescheiden erst schwellen
Die keuschen, die kindlichen Wellen,
Umweht von berauschendem Hauch.

Frank Wedekind

Und die Bewegung in den Rosen, sieh:

Gebärden von so kleinem Ausschlagswinkel,

dass sie unsichtbar blieben,

liefen ihre Strahlen

nicht auseinander in das Weltall.

Rainer Maria Rilke

Der Strom, der neben mir verrauschte, wo ist er nun?
Der Vogel, dessen Lied ich lauschte, wo ist er nun?
Wo ist die Rose, die die Freundin am Herzen trug,
Und jener Kuss, der mich berauschte, wo ist er nun?
Und jener Mensch, der ich gewesen, und den ich längst
Mit einem andern Ich vertauschte, wo ist er nun?

August von Platen

Wo du eine Rose züchtest, mein Freund,

kann keine Distel wachsen.

Frances Hodgson Burnett

Ich bin ein Freund der Pflanze, ich liebe die Rose als das Vollkommenste, was unsere deutsche Natur als Blume gewähren kann; aber ich bin nicht Tor genug, um zu verlangen, dass mein Garten sie mir schon jetzt, Ende April, gewähren soll ... Ich freue mich, wenn ich im Mai die Knospe sehe, und bin glücklich, wenn endlich der Juni mir die Rose selbst in aller Pracht und in allem Duft entgegenreicht.

Johann Wolfgang von Goethe

So viel, was einzig mich beglückt,
Warum versagt sichs mir?
Die Rose, die du nie gepflückt,
Sie duftet ewig dir!

Emanuel Geibel

Mit der Freude zieht der Schmerz
Traulich durch die Zeiten.
Schwere Stürme, milde Weste,
Bange Sorgen, frohe Feste
Wandeln sich zur Seiten.

Und wo eine Träne fällt,
Blüht auch eine Rose.
Schon gemischt, noch eh wirs bitten,
Ist für Thronen und für Hütten
Schmerz und Lust im Lose.

Johann Peter Hebel

Der Botaniker beschreibe dir die Rose in den gemessensten Ausdrücken seiner Wissenschaft; er benenne alle ihre kleinsten Teile, bestimme deren verhältnismäßige Größe, Gestalt, Zusammenfügung, Substanz, Oberfläche, Farbenmischung; kurz, er liefere dir eine so pünktlich genaue Beschreibung, dass sie, mit dem Gegenstande selbst zusammengehalten, nichts zu wünschen übrig lässt: so wird es dir, wenn du noch keine Rose sahst, doch unmöglich sein, ein Bild daraus zu schöpfen, das dem Urbild entspräche; auch wirst du keinen Künstler finden, der es wagte, nach einer Beschreibung die nie gesehene Blume zu zeichnen. Ein Blick hingegen, eine einzige Berührung durch die Sinnesorgane, und das Bild ist auf immer in seiner Fantasie unauslöschlich eingeprägt.

Georg Forster, aus: »*Ansichten vom Niederrhein*«

Dein ist Alles, all und jede Wonne,
Wann sie aufgeht dir als eigne Sonne;
Jeder Tag vom Licht emporgetragen,
Wann er aufgeht dir als eignes Tagen.

Dein ist Alles, all der Blumen Glühen,
Wann hervor sie aus dir selber blühen;
All die Rosenknospen auf der Erden,
Wann sie Rosen in dir selber werden.

Christian *Wagner*

Wo ist zu diesem Innen ein Außen?
Auf welches Weh
legt man solches Linnen?
Welche Himmel spiegeln sich drinnen
in dem Binnensee dieser offenen Rosen,
dieser sorglosen, sieh:
wie sie lose im Losen liegen,
als könnte nie eine zitternde Hand sie verschütten.
Sie können sich selber kaum halten;
viele ließen sich überfüllen und fließen
über von Innenraum in die Tage, die immer
voller und voller sich schließen,
bis der ganze Sommer ein Zimmer wird,
ein Zimmer in einem Traum.

Rainer Maria Rilke
Das Rosen-Innere

Ist der Himmel mir gewogen,
Solls noch oft beschieden sein:
Irgendwo ein Rosenbogen,
Irgendwo ein goldner Wein,
Eine Schenkin, dir mir leise
Um den Hals die Arme legt,
Und im Herzen eine Weise,
Die mich zu den Sternen trägt.

Georg Schmückle

Rosenzeit! Wie schnell vorbei,
Schnell vorbei
Bist du doch gegangen!
Wär mein Lieb nur blieben treu,
Blieben treu,
Sollte mir nicht bangen.

Um die Ernte wohlgemut,
Wohlgemut
Schnitterinnen singen.
Aber, ach! mir kranken Blut,
Mir kranken Blut
Will nichts mehr gelingen.

Schleiche so durchs Wiesental,
So durchs Tal,
Als im Traum verloren,
Nach dem Berg, da tausendmal,
Tausendmal
Er mir Treu geschworen.

Oben auf des Hügels Rand,
Abgewandt,
Wein ich bei der Linde;
An dem Hut mein Rosenband,
Von seiner Hand
Spielet in dem Winde.

Eduard Mörike

Aber ich sandte dir einen Strauß cremeweißer Rosen

Mit einem rosigen Hauch auf den Blütenblättern.

Denn die süßeste Liebe, die mich umgibt,

Trägt einen sehnsüchtigen Kuss auf den Lippen.

John Boyle O'Reilly

Weil sie sich ihrer Schönheit bewusst ist, stellt die Rose die größten Anforderungen an uns.

Alain Meillard, amerikanischer Rosenzüchter

Nun lass den Sommer gehen,
Lass Sturm und Winde wehen;
Bleibt diese Rose mein,
Wie könnt ich traurig sein?

Joseph von Eichendorff

Die Rosen liegen auf dem Gras

Wie kleine Fetzen purpurroter Seide.

Oscar Wilde

O wie ist Schönheit zwiefach schön und hehr,
Wenn sie der Wahrheit goldner Schmuck erhebt!
Die Ros' ist lieblich, aber lieblicher
Macht sie der Wohlgeruch, der in ihr lebt.
Die Hagebutten sind so zart gemalt
Wie duftger Rosen hohe Purpurglut,
Bedornt wie sie, am West entfaltet prahlt
Ihr Knösplein mit demselben Übermut.
Doch, weil ihr Wert nur Schein ist, leben sie
Unangesehn, verwelken unempfunden
Zu stillem Tode, süße Rosen nie:
Aus ihrem süßen Tod wird süßrer Duft entbunden.
So auch aus dir, du Schöner, Lieber! Zieht
Aus dir die Wahrheit, wenn du welkst, mein Lied.

William Shakespeare, Sonett LIV

Die Alten waren unterdes von ihrem Spiel aufgebrochen, die jungen Leute fingen auch an müde zu werden und zerstreuten sich, und so wurde es nach und nach ganz still und leer vor dem Wirtshause. Auch das Mädchen, das mir den Wein gereicht hatte, ging nun nach dem Dorfe zu, aber sie ging sehr langsam und sah sich zuweilen um, als ob sie was vergessen hätte. Endlich blieb sie stehen und suchte etwas auf der Erde, aber ich sah wohl, dass sie, wenn sie sich bückte, unter dem Arme hindurch nach mir zurückblickte. Ich hatte auf dem Schlosse Lebensart gelernt, ich sprang also geschwind herzu und sagte: »Haben Sie etwas verloren, schönste Mamsell?« – »Ach nein«, sagte sie und wurde über und über rot, »es war nur eine Rose – will Er sie haben?« – Ich dankte und steckte die Rose ins Knopfloch.

Joseph von Eichendorff, aus: »*Aus dem Leben eines Taugenichts*«

Die Rosen nun am Stock ins Leben kommen,
Und brechen hervor mit liebreizendem Prangen,
Die süße Röte ist angeglommen,
Dass sie, vereinter Schmuck, dicht aneinander hangen.
Dann ist des Frühlings Frühlingszeit,
Mit Küssen, mit Liebesküssen der Busch bestreut.

Ludwig Tieck

Oh, wie schön! wie schön bist du, Geliebte!
Du bist wie eine Rose!
Nicht wie die Rose von Schiras,
Die hafisbesungene Nachtigallbraut;
Nicht wie die Rose von Saron,
Die heiligrote, prophetengefeierte;
Du bist wie die Ros' im Ratskeller zu Bremen!
Das ist die Rose der Rosen,
Je älter sie wird, je lieblicher blüht sie,
Und ihr himmlischer Duft, er hat mich beseligt,
Er hat mich begeistert, er hat mich berauscht …

Heinrich Heine

Die Rosen in deinem Garten
Sprangen im Sonnenlicht;
Sie können kaum erwarten,
Dass deine Hand sie bricht.

Theodor Storm

Alle die Blumen sind ohne Harm.
Nur die rote Rose nicht, sie sticht!
Sticht, wie die liebe Sonne so warm,
Mai ist ohne die Rose nur arm,
Mai ist ohne die Rose nur Qual –
Ihr stillen Gründe, du einsam Tal.

Achim von Arnim, aus: »Armut, Reichtum,
Schuld und Buße
der Gräfin Dolores«

Denn wer sich die Rosen,
die blühenden, bricht,
Den kitzeln fürwahr
nur die Dornen ...

Johann Wolfgang von Goethe

Die Rose ist mehr als eine schöne und berühmte Blume, sie ist eine großartige öffentliche Institution.

Walter Page Wright

Mit gelben Birnen hänget

Und voll mit wilden Rosen

Das Land in den See ...

Friedrich Hölderlin

Die Rose sprach zum Mägdelein:
»Ich muss dir ewig dankbar sein,
Dass du mich an den Busen drückst
Und mich mit deiner Huld beglückst.«

Das Mägdlein sprach: »O Röslein mein,
Bild dir nur nicht zu viel drauf ein,
Dass du mir Aug' und Herz entzückst.
Ich liebe dich, weil du mich schmückst!«

Wilhelm Busch Rose und Mägdelein

Ich suchte, jetzt in der Rosenzeit, Rosen in Pästum für dich, um dir ein klassisch sentimentales Geschenk mitzubringen, aber da kann ein Seher keine Rose finden. In der ganzen Gegend rund umher, versicherte mich einer von den Leuten des Monsignore, ist kein Rosenstock mehr. Ich durchschaute und durchsuchte selbst alles, auch den Garten des gnädigen Herrn, aber die Barbaren hatten keine einzige Rose. (...) Der Wirt, mein Führer, sagte mir, vor sechs Jahren wären noch einige da gewesen, aber die Fremden hätten sie vollends alle weggerissen. Das war nun eine erbärmliche Entschuldigung. Ich machte ihm begreiflich, dass die Rosen von Pästum ehedem als die schönsten der Erde berühmt gewesen, dass er sie nicht musste abreißen lassen, dass er nachpflanzen sollte, dass es sein Vorteil sein würde, dass jeder Fremde gern etwas für eine pästische Rose bezahlte; dass ich, zum Beispiel, selbst jetzt wohl einen Piaster gäbe, wenn ich nur eine einzige erhalten könnte.

Johann Gottfried Seume, aus: »Spaziergang nach Syrakus im Jahre 1802«

Rose, oh reiner Widerspruch, Lust,
Niemandes Schlaf zu sein
unter so viel Lidern.

Rainer Maria Rilke

Nur die Nachtigall stimmt nicht ein in diese Kritiken, unbekümmert um die ganze Mitwelt, ist nur die rote Rose ihr einziger Gedanke und ihr einziges Lied, sehnsüchtig umflattert sie die rote Rose und stürzt sich begeistert in die geliebten Dornen und blutet und singt.

Heinrich Heine, aus: »Reisebilder«

Die Drossel singt, im Garten scheint der Mond;
Halb träumend schwankt im Silberschein die Rose.
Der Abendfalter schwingt sich sacht heran,
Im Flug zu ruhn an ihrem zarten Moose.

Nun schwirrt er auf – doch sieh! Er muss zurück;
Die Rose zwingt ihn mit gefeitem Zügel.
An ihrem Kelche hängt der Schmetterling,
Vergessend sich und seine bunten Flügel.

Theodor Storm

Der Rose süßer Duft genügt,
Man braucht sie nicht zu brechen;
Und wer sich mit dem Duft begnügt,
Den wird ihr Dorn nicht stechen.

Friedrich von Bodenstedt

Wachtfeuer. Man sitzt rundumher und wartet. Wartet, dass einer singt. Aber man ist so müd. Das rote Licht ist schwer. Es liegt auf den staubigen Schuhn. Es kriecht bis an die Kniee, es schaut in die gefalteten Hände hinein. Es hat keine Flügel. Die Gesichter sind dunkel. Dennoch leuchten eine Weile die Augen des kleinen Franzosen mit eigenem Licht. Er hat eine kleine Rose geküsst, und nun darf sie weiterwelken an seiner Brust. Der von Langenau hat es gesehen, weil er nicht schlafen kann. Er denkt: Ich habe keine Rose, keine …

Rainer Maria Rilke, aus: »Die Weise von Liebe und Tod des Cornets Christoph Rilke«

Ehret die Frauen! sie flechten und weben
Himmlische Rosen ins irdische Leben.

Friedrich von Schiller

Hold wie die Morgenröte
Im jungen Lenz erwacht
Und auf dem Blumenbeete
Die sanfte Rose lacht.
So wandle du im Segen
Und immer heitern Sinn
Auf blumenreichen Wegen
Dein schönes Leben hin.

Aus einem Album, 1858

Wie die Rose die Blume aller Blumen ist,

so ist dies das Haus aller Häuser.

Inschrift auf einem Rosettenfenster in einer Kirche in York, England

Rose, süße Blüte, der Blumen Blum,
Der Kuss ist auf deinen Lippen gemalt,
O Ros, auf deinem Munde strahlt
Der küssenden Lieb Andacht und Heiligtum.

Ludwig Tieck, aus: »Franz Sternbalds *Wanderungen*«

Leise zieht durch mein Gemüt
Liebliches Geläute.
Klinge, kleines Frühlingslied.
Kling hinaus ins Weite.

Kling hinaus, bis an das Haus,
Wo die Blumen sprießen.
Wenn du eine Rose schaust,
Sag, ich lass sie grüßen.

Heinrich Heine

Was ist ein Name?

Was uns Rose heißt,

Wie es auch hieße,

würde lieblich duften!

William Shakespeare, aus: »Romeo und Julia«

Im Frühlingsschatten fand ich sie;
Da band ich sie mit Rosenbändern
Sie fühlt' es nicht und schlummerte.

Ich sah sie an; mein Leben hing
Mit diesem Blick an ihrem Leben:
Ich fühlt' es wohl, und wusst' es nicht.

Doch lispelt' ich ihr sprachlos zu,
Und rauschte mit den Rosenbändern:
Da wachte sie vom Schlummer auf

Sie sah mich an; ihr Leben hing
Mit diesem Blick an meinem Leben,
Und um uns wards Elysium.

Friedrich Gottlieb Klopstock Das Rosenband

Rosenknospe, du bist dem blühenden Mädchen gewidmet,
Die als Herrlichste sich, als die Bescheidenste zeigt.

Johann Wolfgang von Goethe

Ewig trägt im Mutterschoße,

Süße Königin der Flur!

Dich und mich die stille, große,

Allbelebende Natur;

Röschen! Unser Schmuck veraltet,

Stürm' entblättern dich und mich,

Doch der ew'ge Keim entfaltet

Bald zu neuer Blüte sich.

Friedrich Hölderlin

Leb überhaupt und nur im Großen,
So wirst du wohl dabei bestehen,
Und auf die hundert Blätter Rosen
Nicht frag, wie viele Dornen gehen.

Christian *Wurm*

Alles Schaffen aus dem Notwendigen und Wirklichen heraus ist Leben und Mühe, die sich, selbst verzehren, wie im Blühen das Vergehen schon herannaht; dies Erblühen ist die wahre Arbeit und der wahre Fleiß; sogar eine simple Rose muss vom Morgen bis zum Abend tapfer dabei sein mit ihrem ganzen Korpus und hat zum Lohne das Welken. Dafür ist sie aber eine wahrhaftige Rose gewesen.

Gottfried Keller, aus: »Der grüne Heinrich«

Komm her; wir wollen eine Weile still sein.
Sieh diese Rose an auf meinem Schreibtisch;
ist nicht das Licht um sie genau so zaghaft
wie über dir: sie dürfte auch nicht hier sein.
Im Garten draußen, unvermischt mit mir,
hatte sie bleiben müssen oder hingehn, –
nun währt sie so: was ist ihr mein Bewusstsein?

Rainer Maria Rilke

Im Arm der Liebe
schliefen wir selig ein.
Am offnen Fenster
lauschte der Sommerwind,
Und unsrer Atemzüge Frieden
Trug er hinaus
in die helle Mondnacht. –

Und aus dem Garten tastete zagend sich
Ein Rosenduft an unserer Liebe Bett
Und gab uns wundervolle Träume,
Träume des Rausches –
so reich an Sehnsucht.

Otto Erich Hartleben

Da hab ich so nachgedacht und bin drüber eingeschlafen. Die Rose hab ich mit ins Bett genommen. – Was soll sie im Glas langsam welken – überall sollt man ein Heiligtum der Natur mit herumtragen, das frei macht vom Bösen, wer kann in Gegenwart einer Rose nicht mit edlen Gedanken erfüllt sein, ich habs lieb, das Röschen, mit dem ich geschlafen hab, – es war matt, nun hab ichs ins Wasser gestellt, es erholt sich.

Bettina von Arnim, aus: »Die Günderode«

Schön prangt im Silbertau die junge Rose,
Den ihr der Morgen in den Busen rollte,
Sie blüht, als ob sie nie verblühen wollte,
Sie ahnet nichts vom letzten Blumenlose.

Eduard Mörike

Rose weiß, Rose rot,
Wie süß ist doch dein Mund,
Rose rot, Rose weiß,
Dein denk ich alle Stund,
Alle Stund bei Tag und Nacht,
Dass dein roter Mund mir zugelacht,
Dein roter Mund.

Ein Vogel sang im Lindenbaum,
Ein süßes Lied er sang,
Rose weiß, Rose rot,
Das Herz im Leib mir sprang,
Sprang vor Freude hin und her,
Als ob dein Lachen bei ihm wär,
So süß es klang.

Hermann Löns

Es ist natürlich, dass einer, der Rosen nachbildet, bald die schönsten und frischesten Rosen kennen und unterscheiden und unter tausenden, die ihm der Sommer anbietet, heraussuchen werde. Also tritt hier schon die Wahl ein, ohne dass sich der Künstler einen allgemeinen bestimmten Begriff von der Schönheit der Rose gemacht hätte.

Johann Wolfgang von Goethe, aus: »Einfache Nachahmung der Natur, Manier, Stil«

Auf eines Felsens Vorsprung wagt' ich mich,
Um eine einz'ge Rose dir zu pflücken.
Und blass nur, durch des Kelches Dunkelgrün,
Erschimmerte sie noch, ein Knösplein nur,
Für volle Liebe noch nicht aufgeblüht.
Doch greif ich sie, und strauchl' und sinke plötzlich
In einen Abgrund hin, der Nacht des Todes
Glaubt' ich, Verlorne, in den Schoß zu sinken.
Mein Glück doch wars, denn eine Rosenpracht
Stand hier im Flor, dass wir zehn Siege noch
Der Amazonen hätten feiern können.

Heinrich von Kleist, aus: »Penthesilea«

Möchten Sie nicht in meinen Garten kommen?
Ich würde meine Rosen gerne mit Ihnen
bekannt machen.

Richard B. Sheridan

Ich hab die Rose blühen sehn,
Mein ist ihr süßes Bild,
Und welkte sie zur Stunde schon
Und bliebe stets verhüllt! –

Theodor Storm

Die Rose blüht, ich bin die fromme Biene,
Die in der Blätter keuschen Busen sinkt,
Und milden Tau und süßen Honig trinkt,
Doch lebt ihr Glanz und bleibet ewig grüne.
So singt mein tiefstes Freudenlied,
Ach meine Rose blüht!

Die Rose blüht, o Sonnenschein verziehe,
Dass lange noch der liebe Sommer währt,
Und mir kein Sturm die süße Lust versehrt,
Dass all mein Heil aus dieser Rose blühe,
So freut sich innig mein Gemüt,
Weil meine Rose blüht!

Die Rose blüht, und lacht vor andern Rosen,
Mit solcher Huld, und Liebesmildigkeit,
Dass gern mein Sinn sich zu der Pflicht erbeut,
Mit andern Blumen nie mehr liebzukosen,
Weil alle Liebe, die erglüht,
Aus dir du Rose blüht!

Clemens Brentano

Und kannst du sterben,
warum mahnst du mich?
Die Rose sagts nicht selbst,
wenn sie ihr Feind
Entzückt betrachtet,
dass sie morgen welkt,
Sie weiß es,
dass er dann schon heut sie pflückt …

Friedrich Hebbel, aus: »Genoveva«

Nun weiß man erst,
was Rosenknospe sei,
Jetzt, da die Rosenzeit vorbei;
Ein Spätling noch am Stocke glänzt
Und ganz allein
die Blumenwelt ergänzt.

Johann Wolfgang von Goethe

In einem Buche blätternd, fand
Ich eine Rose welk, zerdrückt
Und weiß auch nicht mehr, wessen Hand
Sie einst für mich gepflückt.

Nikolaus Lenau *Welke Rose*

Die einzige Rose ohne Dornen

ist die Freundschaft in dieser Welt.

Christine von Schweden

Aus dunklem Wein und tausend Rosen
rinnt die Stunde rauschend
in den Traum der Nacht.

Rainer Maria Rilke

Die Rose seh ich gehen aus grüner Klause

Und, wie so buhlerisch die Lüfte fächeln,

Errötend in die laue Flut sich dehnen.

Joseph von Eichendorff

Was sich nach Licht sehnt, ist nicht lichtlos, denn die Sehnsucht ist schon Licht, die Rose trägt das Licht in der Knospe verschlossen. – Die Schönheit, die sinnlich vergeht, die hat einen Geist, der sich weiterentwickeln will, der Rose Geist steigt höher, wenn ihre Schönheit verblühte.

Bettina von Arnim, aus: »Die Günderode«

Pflücke die Rose, solange sie noch in Blüte steht.

Edmund Spenser

Als Allerschönste bist du anerkannt,
Bist Königin des Blumenreichs genannt;
Unwidersprechlich allgemeines Zeugnis,
Streitsucht verbannend, wundersam Ereignis!
Du bist es also, bist kein bloßer Schein,
In dir trifft Schaun und Glauben überein …

Johann Wolfgang von Goethe

Der Schmetterling ist in die Rose verliebt,
Umflattert sie tausendmal,
Ihn selber aber, goldig zart,
Umflattert der liebende Sonnenstrahl.

Jedoch, in wen ist die Rose verliebt?
Das wüsst ich gar zu gern.
Ist es die singende Nachtigall?
Ist es der schweigende Abendstern?

Ich weiß nicht, in wen die Rose verliebt;
Ich aber lieb euch all':
Rose, Schmetterling, Sonnenstrahl,
Abendstern und Nachtigall.

Heinrich Heine

Die Tage sind gezählt, vorüber bald
Ist alles, was das Leben einst versüßt';
Was will ich mehr, als dass vorm Schlafengehn
Die Jugend mich mit frischen Rosen grüßt!

Theodor Storm
Als ich abends einen Rosenstrauß
auf meinem Zimmer fand

Ich weiß nicht, ob nette Menschen einfach dazu neigen, Rosen zu züchten, oder ob das Züchten von Rosen die Menschen nett macht.

Roland A. Browne

Es ist ein Ros entsprungen
aus einer Wurzel zart,
Wie uns die Alten sungen,
von Jesse kam die Art,
Und hat ein Blümlein bracht
mitten im kalten Winter
Wohl zu der halben Nacht.

anonym, um 1587/88

Die Zeit gebärt Rosen.

Portugiesisches Sprichwort

Als der Winter die Rosen geraubt, die Anakreons Scheitel
Kränzen am fröhlichen Mahl, wo er die Saiten gerührt,
Träufelt' ihr köstliches Öl in das Haar ihm Aphrogeneia,
Und ein rosiger Hauch haftet an jeglichem Lied.
Doch nur wo ein Liebender singt die Töne des Greisen,
Füllet Hallen und Saal wieder der herrliche Duft.

Eduard Mörike

All unser redlichstes Bemühn
Glückt nur im unbewussten Momente.
Wie möchte denn die Rose blühn,
Wenn sie der Sonne Herrlichkeit erkennte!

Johann Wolfgang von Goethe

DIE ROSEN IM EINZELNEN

PHOTONACHWEISE

© David Coppin: 153

© Derek Fell: 42-43, 79, 127, 169

© John Glover 13, 15, 17, 20-21, 23, 29, 31, 37, 39, 41, 49, 57, 69, 81, 135, 155, 171, 199, 203

© Dency Kane: 1, 4, 5, 6, 8-9, 19, 25, 35, 45, 51, 53, 60-61, 67, 75, 77, 83, 87, 97, 99, 103, 105, 106-107, 109, 111, 115, 119, 120-121, 123, 125, 131, 133, 139, 141, 145, 147, 149, 151, 157, 161, 163, 165, 167, 173, 175, 177, 181, 183, 184-185, 189, 191, 193, 195, 205, 207, 209, 211, 213, 215, 217, Vor- und Nachsatz

© Charles Mann: 117, 137, 158-159, 179, 219

© Martin Mouchy/The Garden Picture Library: 222-223

© Clive Nichols: 2, 3, 33, 47, 55, 59, 63 (Hadspen Garden, Somerset), 65 (Meadow Plants, Berkshire), 71 (lower Hall, Shropshire), 73 (designed by Wendy Lauderdale), 85 (Mrs. Glaisher, Kent), 89, 91, 95 (Greenhurst Garden, Sussex), 101, 113, 129 (Wollerton Old Hall, Shropshire), 143, 187 (The Anchorage, Kent), 197, 200-201 (designed by Wendy Lauderdale), 221

© Nance S. Trueworthy: 27, 93